Mister Gogo

King Kofi

Pinsel

Julia Boehme

Tafiti
und das schlecht gelaunte Nashorn

Tafitis Welt:

Band 1: Tafiti und die Reise ans Ende der Welt
Band 2: Tafiti und das fliegende Pinselohrschwein
Band 3: Tafiti und das Riesenbaby
Band 4: Tafiti und Ur-ur-ur-ur-ur-uropapas Goldschatz
Band 5: Tafiti und ein heimlicher Held
Band 6: Tafiti und die Affenbande
Band 7: Tafiti und der Honigfrechdachs
Band 8: Tafiti und das große Feuer
Band 9: Tafiti und die doppelte Majestät
Band 10: Tafiti und das verschwundene Geburtstagskind
Band 11: Tafiti und das schlecht gelaunte Nashorn

Tafiti und seine Freunde. Abenteuer in der Savanne (Sammelband)

Mit Tafiti lesen lernen:
Tafiti – Der Löwe mit dem Wackelzahn

Meine Freunde (Eintragbuch)
Tafiti – Mein Malbuch

Das große Tafiti-Liederalbum (Lieder-CD)
Tafitis Savannenparty – Lernspiele (App)

Lernen mit Tafiti: Erste Buchstaben
Lernen mit Tafiti: Zahlen von 1 bis 10
Lernen mit Tafiti: Rechnen von 1 bis 20
Lernen mit Tafiti: Erstes Schreiben

Bilderbücher:
Das große Tafiti-Wimmelbuch
Tafiti und der geheimnisvolle Kuschelkissendieb
Tafiti – Heute bin ich du!

www.TafitisWelt.de

Julia Boehme

Tafiti
und das schlecht gelaunte Nashorn

Illustriert von Julia Ginsbach

ISBN 978-3-7855-8847-5
1. Auflage 2018
© 2018 Loewe Verlag GmbH, Bindlach
Illustrationen: Julia Ginsbach
Umschlaggestaltung: Michael Dietrich
Printed in Poland

www.TafitisWelt.de
www.loewe-verlag.de

Inhalt

Alarm!

„So, das reicht!" Tafiti legt ein paar letzte
Früchte in den rappelvollen Korb.

„Omama wird sich freuen", grunzt Pinsel.
„Und ich mich auch!"

Kein Wunder, denn Omama wird aus den
Baobab-Früchten Kuchen backen. Den
besten der Savanne. Lecker! Pinsel läuft
das Wasser im Mund zusammen,
wenn er nur daran denkt.

„Nur schade um den Baum", findet Tafiti.

„Ja!" Pinsel nickt.

Im Sturm ist gestern ein riesiger Affenbrotbaum umgestürzt. Nur deshalb konnten Tafiti
und Pinsel so viele Früchte sammeln. Die
hängen nämlich sonst viel zu weit oben,
jetzt aber konnten sie die ganz bequem
abpflücken.

Tafiti überlegt. „Der Baum war
bestimmt schon alt. Uralt, sonst
wäre er nicht
umgefallen!"

Da hat Tafiti natürlich recht.

Denn Affenbrotbäume – oder Baobabs,
wie sie noch genannt werden – mit ihren gewaltig dicken Stämmen, stürzen nicht einfach
so im Sturm um. Dazu müssen sie schon sehr
alt und krank sein.

„Puh, ist der schwer", stöhnt Pinsel, als er
den vollen Korb auf den Rücken nimmt. Für
Tafiti hat er dort oben trotzdem noch Platz.
Einer muss den Korb ja festhalten. Aber so ein
Erdmännchen fällt kaum ins Gewicht. Das ist
federleicht. Für ein Pinselohrschwein zumindest.

Doch der Korb macht Pinsel ganz schön zu schaffen. Vor allem bei der Hitze. Und in der Savanne ist es immer heiß.

„Lass uns mal eine Pause machen", ächzt er auf halbem Weg.

Unter einer Akazie finden sie ein schönes, schattiges Plätzchen.

„Proviant haben wir genug", freut sich Pinsel und beißt genüsslich in eine Frucht.

„Nimm doch auch eine!", fordert er Tafiti auf und grinst. „Dann ist der Korb nicht mehr ganz so schwer."

„Dafür werd ich schwerer", lacht Tafiti und lässt es sich trotzdem schmecken.

„Ehem", räuspert sich eine tiefe Stimme über ihnen.

Ach du liebes bisschen! Tafiti und Pinsel fahren zusammen. Da ist wer im Baum – direkt über ihnen! Und es ist bestimmt kein Freund. Der hätte die beiden nämlich mit einem fröhlichen „*Hallo!*" begrüßt. Erschrocken starren sie nach oben.

„Sie?", haucht Tafiti. Alle möglichen Tiere hätte er dort erwartet: Leo, den Leoparden, Mister Gogo, den Adler, oder eine fiese Schlange. Aber King Kofi? Niemals! Seine hochwohlgeborene Löwenmajestät geruht nicht auf Bäume zu klettern – und schon gar nicht so hoch!

„Ja, ich! Wer *f*son*f*st?", lispelt der Löwen-könig.

Pinsel schluckt. Gleich wird sich King Kofi auf
sie stürzen.

„Möchten Sie vielleicht ein paar königlich-
köstliche Früchte?", fragt Tafiti schnell.

„*f*Selb*f*stver*f*ständlich!" Der Löwe schleckt
sich sein Maul. „*f*Sofort her damit!"

„Wir haben's schrecklich eilig", ruft Tafiti und
flitzt mit Pinsel los. „Aber die Früchte lassen
wir Ihnen gerne hier!"

Die beiden Freunde rennen, so schnell sie
können. Soll King Kofi ruhig den ganzen Korb
leer fressen. Hauptsache, er lässt sie laufen …

Atemlos kommen sie nach Hause. Die ganze Familie ist im Garten und versucht, etwas Ordnung zu schaffen. Denn der Sturm hat auch hier gewütet.

„King Kofi auf einem Baum?" Omama macht große Augen. „Das ist ja ganz was Neues!"

„Allerdings", schnauft Pinsel. „Damit haben wir echt nicht gerechnet!"

„Na ja", brummt Opapa. „Aber warum sollte

King Kofi nicht auch mal klettern? Löwen
können das! Unter Bäumen muss man immer
vorsichtig sein: Leoparden, Schlangen, Adler,
weiß der Geier, was dort oben alles auf uns
lauert!"

Pinsel guckt betreten zu Boden. Opapa hat
recht. Sie hätten besser aufpassen müssen.

„Aber es ist ja nichts passiert!", meint Tafiti
leichthin.

„Du unterschätzt die Gefahr", mahnt Opapa.
„Es kann immer etwas passieren. Und manchmal das Allerverrückteste, mit dem man gar
nicht rechnet!"

„ALARM!", brüllt Tutu da und stürzt zum
nächsten Höhleneingang. Omama schnappt
sich den kleinen Baba und saust mit Opapa
schnell hinterher. Für Pinsel aber ist das Loch
zu klein.

„Los, Beeilung!", ruft Tafiti und
rast mit seinem Freund zum Haupt-
eingang. Dem einzigen Eingang, der
wirklich groß genug für das Pinselohrschwein ist. *Klapp* fällt die Tür hinter ihnen zu.
Sie haben es gerade noch so geschafft.

WUMMSKRAWUMMSKRAWUMMS –
über ihnen bebt die Erde. Die Bilder wackeln
an den Wänden. Gläser klirren. Sand und
Kiesel rieseln von der Decke. Und dann don-
nert etwas Großes, Schweres über sie hinweg.
Baba beginnt vor Schreck zu heulen. Omama
drückt ihn fest an sich. Tutu ist ganz blass.
Und selbst Opapa ist mulmig zumute.
  Dann entfernt sich der Donner …
  „Was war das?", haucht Omama.

22

Ein schlecht gelauntes Nashorn

Was das war? Das wollen Tafiti und Pinsel natürlich sofort rausfinden. Schon sind die beiden Freunde nach draußen entwischt. Am Horizont sehen sie eine Staubwolke, die sich schnell entfernt.

„Los, spring auf!", ruft Pinsel.

Kaum sitzt Tafiti auf seinem Rücken, jagt Pinsel der riesigen Staubwolke hinterher. Im Schweinsgalopp, versteht sich!

Die Savanne ist wie leer gefegt. Alle haben sich vor der Staubwolke blitzschnell in Sicherheit gebracht. Hier und da lugt der eine oder andere zitternd aus dem Busch hervor.

Doch wie schnell Pinsel auch rennt, die Staubwolke holt er nicht mehr ein. Dafür treffen die Freunde auf eine aufgebrachte Zebraherde.

„Unverschämtheit", schimpfen die Zebras. „Was hätte da passieren können?"

„Wisst ihr, was das war?",
fragt Tafiti aufgeregt.

„Ja, allerdings!"
Steppenzebra Fred
klappert nervös mit seinen
Hufen. „Das war Norbert!"

„Norbert Nashorn?" Pinsel
traut seinen Ohren nicht.

„Niemals!" Tafiti lacht.

„Doch!", beharrt Fred. „Und
ich fürchte, der hat ziem-
lich schlechte
Laune!"

Die anderen Zebras nicken mit den Köpfen.

„Aber der ist doch sonst so ruhig", staunt Tafiti. „Und außerdem läuft er nie hier lang! Ihr wisst doch, wie er ist – der nimmt immer denselben Weg. Immer!"

„Ich weiß, ich weiß", wiehert Fred. „Aber das war Norbert, so wahr ich hier stehe. Und zum Glück stehe ich noch! Ich dachte schon, der nietet mich um!"

Normalerweise weicht Norbert keinen Zentimeter von seinem Trampelpfad ab. Am einen Ende ist Norberts Schlafbaum. Ein schattiges Plätzchen, an dem er auch tagsüber gerne ein Nickerchen macht. Am anderen Ende ist das Wasserloch mit der großen Suhle. Und wenn

Norbert nicht unter seinem Baum liegt oder in der Suhle, dann stapft er irgendwo dazwischen gemächlich seinen Trampelpfad entlang.

„Was ist denn heute nur los?", ruft Tafiti. „King Kofi klettert auf Bäume, Norbert verlässt seinen Pfad! Ich frage mich, was noch kommt."

„Was noch kommt? Das reicht!", mischt sich eine Zebramama ein. „Norbert ist außer sich! Der walzt alles um! Uns hat er fast aufs Horn genommen. Wisst ihr, wie spitz das ist? Das ist lebensgefährlich!"

Tafiti schluckt. Stimmt, so ein Nashorn-Horn
ist wirklich nicht ohne!

„Da müssen wir was unternehmen!" Tafitis
Augen blitzen. „Und ich glaub, ich weiß schon,
was. Komm Pinsel, ab nach Hause!"

„Was hast du denn vor?" Neugierig trabt
Pinsel seinem Freund hinterher.

Keine so gute Idee

Als am Mittag die Sonne am höchsten steht,
machen sich Tafiti und Pinsel erneut auf den
Weg.

„Puh!" Vergeblich versucht Pinsel, sich mit
seinen Ohren ein wenig kühle Luft zuzuwedeln.
„Ist das heiß!"

„Eben!" Tafiti grinst. „Jetzt rast keiner mehr in
der Savanne herum. Nicht mal ein wütendes
Nashorn."

Tafiti hat recht. Norbert liegt erschöpft im Schatten seines Lieblingsbaumes und hält Mittagsschlaf. Genau wie es sich Tafiti gedacht hat. Auf Zehen- und Hufspitzen schleichen er und Pinsel sich an das schlummernde Nashorn heran. Norbert schnarcht selig vor sich hin, bis Pinsel auf ein dürres Ästchen tritt: *Kracks!*

Norberts Schnarchen setzt sofort aus. Tafiti und Pinsel erstarren. Wenn das Nashorn jetzt aufwacht, werden sie garantiert aufgespießt. Norbert wackelt mit den Ohren, die Lider zucken und dann … schnarcht er weiter. Zum Glück!

Bei den letzten Schritten passen Tafiti und Pinsel genau auf, wohin sie ihre Füße setzen. Dann stehen sie direkt neben Norberts riesigen Hörnern.

Rasch klettert Tafiti auf Pinsels Rücken und streckt sich, so gut es geht. Doch das Vorderhorn ist viel zu groß – und Tafiti viel zu klein. Also stellt Pinsel sich auf die Hinterbeine und Tafiti huscht auf seine Schultern. Es reicht immer noch nicht. Vorsichtig klettert Tafiti weiter auf Pinsels Kopf und balanciert auf seiner Schweineschnauze.

„Nüch, das kützelt", haucht Pinsel.

Wenn Tafiti so weitermacht, bekommt er einen Niesanfall. Und dann ist der Teufel los – oder zumindest das Nashorn!

„Das Kissen", wispert Tafiti.

Ja, richtig. Das Kissen haben sie extra von zu Hause mitgebracht. Und eine Schnur. Vorsichtig geht Pinsel in die Knie, greift nach dem Kissen samt Schnur und reicht es Tafiti, der ihm immer noch auf der Nase rumtanzt.

Ganz behutsam legt Tafiti das Kissen auf die Nashornspitze und bindet es vorsichtig fest.

Nach jedem Schnarcher strömt heiße Atemluft aus Norberts Nasenlöchern. Pinsel kann es spüren, so dicht steht er neben ihm. Hoffentlich merkt Norbert nichts!

So, noch einen Doppelknoten, fertig! Tafiti strahlt. Wenn Norbert jetzt jemanden aufs Horn nimmt, wird der wenigstens nicht aufgespießt: Ein Kissenstoßdämpfer – was für eine geniale Idee!

Als es am späten Nachmittag wieder ein wenig kühler wird, wacht Norbert auf. Tafiti und Pinsel haben sich in einer kleinen Erdhöhle versteckt. Neugierig lugen sie hinaus.

Das Nashorn bemerkt zunächst gar nichts.
Es gähnt ausgiebig und streckt sich. Dann hält
es plötzlich inne. Mit beiden Augen schielt es
auf sein Horn.

„Was 'n das!?", brüllt Norbert. Das komische
Ding hat auf seinem Nashorn nichts zu suchen!
Das muss weg – und zwar sofort!

Norbert rennt los und rast wie von Sinnen durch die Savanne. Und jeder, der ihn kommen sieht, nimmt Reißaus: Strauße, Giraffen, Zebras, Antilopen, Hasen und Mäuse. Denn

ob mit Kissen oder ohne: ein tobender Norbert ist und bleibt gefährlich. Keiner will sich ihm in den Weg stellen, nicht einmal Mama Matemba mit ihrer Elefantenherde.

Urplötzlich schlägt Norbert einen Haken und rast zurück.

Tafiti und Pinsel,
die ihm hinterher-
gerannt sind,
können gerade noch
zur Seite springen.

„Irgendwie mag er
das Kissen nicht",
japst Tafiti.

Pinsel nickt. „Sieht
ganz so aus!"

Norbert rennt zu
seinem Schlafbaum
und schubbert grim-
mig sein Horn am
Stamm, um das Ding
endlich loszuwerden. Doch das Kissen hält,
dank Tafitis Doppelknoten. Und das macht
Norbert erst recht sauer! Er rast wieder los.
Diesmal mitten in eine Gnuherde hinein. Die
Gnus galoppieren laut muhend auseinander.

„Norbert, warte doch! Wir machen das Kissen ab!" Tafiti läuft ihm hinterher.

„Nicht doch, Tafiti!", keucht Pinsel. „Was, wenn er sich umdreht?"

In diesem Moment dreht sich Norbert um. Ein riesiges graues Nashorn, schäumend vor Wut. Und nur ein paar Schritte entfernt ein kleines Erdmännchen und ein zitterndes Pinselohr-schwein. Zwerge, im Vergleich zu dem toben-den Riesen.

„Wir machen dir das Kissen ab!", wiederholt Tafiti tapfer.

Norbert schnaubt und scharrt mit den Füßen.

Aber dann geht er urplötzlich auf die Knie und streckt den beiden sein Horn entgegen. Tafiti geht langsam auf Norbert zu. Seine Beine zittern wie Omamas Wackelpudding.

„Momentchen, das haben wir gleich", meint er und macht sich an dem Doppelknoten zu schaffen.

„Es tut uns schrecklich leid. Das mit dem Kissen war wohl keine so gute Idee von uns", entschuldigt sich Pinsel kleinlaut.

Aber das zu sagen, war wohl ebenfalls keine gute Idee.

„Ihr wart das?" Norbert richtet sich mit einem Ruck auf.

„Uaaah!" Erschrocken klammert sich Tafiti
am Horn fest.

„Na, warte!" Norbert richtet
sein spitzes Horn direkt auf
Pinsel. Der rennt um sein
Leben. Und das Nashorn?
Das rast hinterher!
„HALT, Norbert!", ruft
Tafiti. „Bleib sofort stehen!"
Aber das Nashorn hört
nicht auf ihn. Pinsel springt in
seiner Not ins Gebüsch. Dass
es ein piksiger Dornenstrauch
ist, macht ihm wenig aus. Lieber
wird er von ein paar Dornen gepikst,
als von Norberts Nashorn durchlöchert.
Norbert macht eine Vollbremsung und
scharrt grimmig mit den Füßen. Aber trotz
seines dicken Panzers wagt er sich nicht
hinterher …

„Norbert, bitte entschuldige", stammelt Pinsel im Busch. „Das war nicht böse gemeint."

„Wir wollten nur, dass keinem was passiert", erklärt Tafiti. „An deinem Horn kann man sich fürchterlich piksen, wenn du so durch die Savanne rast. Deswegen das Kissen!"

Norberts kleine Augen werden noch kleiner.

„Was ist denn los?", erkundigt sich Tafiti freundlich. „Hast du vielleicht Zahnweh? Oder Bauchschmerzen?"

„WRRR", grollt Norbert.

Dann schüttelt er den Kopf, dass Tafiti in
hohem Bogen durch die Gegend fliegt.

WUMMS! Tafiti landet zum Glück im weichen
Savannensand.

„Wenn du es uns nicht sagst, können wir dir
auch nicht helfen!", ruft er von dort.

Doch Norbert will sich nicht helfen lassen.
In wildem Tempo jagt er davon.

Die Savannen-Detektive

„Autsch!", quiekt Pinsel, als ihm Omama zu Hause Salbe auf seine Kratzer tupft.

„Morgen ist alles wieder gut", meint sie.

„Bis morgen können wir nicht warten", ruft Tafiti. „Wir müssen gleich wieder los!"

Pinsel wirft einen sehnsüchtigen Blick auf die Hängematte, doch dann trottet er Tafiti hinterher.

„Wir müssen rauskriegen, wieso Norbert auf einmal so außer sich ist", murmelt Tafiti. „Je eher, desto besser."

„Und wie willst du das machen?", fragt Pinsel.

45

„Keine Ahnung, am einfachsten wäre natürlich, Norbert sagt uns, was los ist", antwortet
Tafiti. „Aber aus dem ist ja nichts rauszu-
kriegen."

„Eben", grunzt Pinsel.

Tafiti bleibt stehen. „Wir müssen wie Detek-
tive vorgehen", erklärt er. „Spuren suchen,
Tiere befragen. Irgendwas wird schon dabei
herauskommen."

„Dann brauchen wir eine Lupe", behauptet
Pinsel.

Sie laufen noch einmal zurück, um sich Opapas Lupe auszuleihen. Aber die Spuren, die sie im Savannensand entdecken, sind auch ohne Lupe gut zu sehen. Vor allem die Abdrücke von Norberts breiten Nashornfüßen. Rechts und links davon finden sich lauter Huf-, Pfoten- und Tatzenabdrücke, die nach allen Seiten auseinanderlaufen. Denn wo Norbert langgewalzt kommt, rennen die anderen um ihr Leben …

„Hier ist Norbert also langgelaufen", schließt Tafiti. Richtig weiter bringt sie das nicht.

„Lass uns mal ein paar Zeugen befragen", schlägt er vor.

Zeuge Nummer 1 ist ein Igel, der immer noch ganz außer Atem im Gebüsch sitzt.

„Das war Norbert", japst er.

Aber warum Norbert
neuerdings so wild und
wütend ist, das weiß der
Igel auch nicht.

Auch die anderen
wissen nicht viel mehr.

„So habe ich Norbert
noch nie erlebt!", ruft Nolo,
der Strauß.

„Der ist lebensgefährlich!", piepst eine kleine
Maus als Zeuge Nummer 3.

„Ja, wirklich!", ruft ein
Springhase. „Und das
Komische ist: Der rennt
sonst nie hier lang!"

„Hat jemand eine
Ahnung, seit wann
sich Norbert so selt-
sam aufführt?", fragt
Detektiv Tafiti.

„Ich glaube, seit gestern", meint Nolo.

Tafiti überlegt. „Gestern? Da war doch der große Sturm!"

„Genau!" Der Springhase springt aufgeregt auf und ab. „Der wilde Wind hat Norbert bestimmt ganz durcheinandergebracht!"

„Und jetzt läuft er selber wie der wilde Wind durch die Gegend", piept die Maus.

„Mm", brummt Tafiti. Aber so richtig vorstellen kann er sich das nicht. Norbert lässt sich doch von so ein bisschen Wind nicht aus der Ruhe bringen, oder?

„Alles klar, es war bestimmt der Wind", sagt Pinsel. Er hat nichts dagegen, den Fall so schnell es geht abzuschließen: Die Hängematte wartet!

Doch Tafiti ist da anderer Meinung. „Egal, was es war, wenn wir Norbert nicht bald stoppen, walzt er noch jemanden um. Und der ist dann so platt wie Omamas Eierkuchen!"

„Hat hier jemand wa*f*s von Kuchen ge*f*sagt?", brüllt eine tiefe Stimme.

Sie gucken sich erschrocken um. Das kann nur King Kofi sein. Doch die Löwenmajestät ist nicht zu sehen.

„Verfli*f*xt, ich will Kuchen, und *f*zwar *f*so*f*ort!", jault der Löwe.

Und diesmal hören sie, woher die Stimme kommt: Oben aus der Baumkrone.

„A...aber Ihre Majestät", stottert Pinsel überrascht. „Sie sind ja schon wieder geklettert!"

„Oder immer noch oben", flüstert Tafiti. „Das ist haargenau derselbe Baum. Schau mal!"

Pinsel schnappt nach Luft. Hinter dem Baum steht ihr Korb. Und der ist immer noch randvoll mit Früchten.

„Ich dachte, Sie wollten unsere Früchte fressen?", ruft Tafiti.

„Ach wa*f*s, Früchte, ich will Kuchen!", brüllt King Kofi von oben.

„Dann nehmen wir den Korb wieder mit und Omama backt Ihnen einen schönen Kuchen", antwortet Tafiti. „Das dauert aber ein bisschen. Wir bringen ihn dann zur Residenz."

„Nein, lieber hierher!", nuschelt King Kofi. „Ich warte hier oben auf euch."

„Ganz, wie Sie wünschen", flötet Tafiti und sieht zu, dass er mit Pinsel und den Früchten davon- kommt. Nicht, dass es sich die Majestät noch anders überlegt und doch lieber Erdmänn- chenspieß und Schweine- braten will.

Der Trampelpfad

Keuchend schleppt Pinsel den Korb nach Hause.

Omama freut sich sehr. „Wo habt ihr die Früchte denn her?"

„Kurz vorm Wasserloch ist der alte Baobab umgefallen", sagt Tafiti. Plötzlich schlägt er sich an die Stirn. „Dass ich da nicht gleich draufgekommen bin!"

„Worauf denn?", grunzt Pinsel verwirrt.

„Ich glaube, der Baum liegt auf Norberts Trampelpfad und versperrt ihm den Weg!", erklärt Tafiti und rennt los.

Pinsel jagt ihm im Schweinsgalopp hinterher.

Japsend erreichen sie den alten Affenbrotbaum. Und dort steht auch Norbert. Und vor ihm – mitten auf seinem Trampelpfad – liegt der riesige Stamm des Baobabs.

„Hallo, Norbert!", ruft Tafiti.

Pinsel macht sich bereit, jede
Sekunde wegzusprinten. Für das
Nashorn sind sie wie ein rotes
Tuch. Doch Norbert regt sich
nicht, unverwandt starrt er auf
den Baum.

„Ist es der Baum, der dich
so sauer macht?", fragt
Tafiti vorsichtig. „Weil er
deinen Weg versperrt?"

„Weg da!", schnaubt Norbert und stürmt los. Pinsel und Tafiti machen schnell einen Satz zur Seite. Doch Norbert geht gar nicht auf sie los, sondern auf den Baum. Aber der lässt sich nicht einfach so wegschieben, auch wenn Norbert wie ein Bulldozer auf ihn zuwalzt.

„Denn kriegst du nicht weg", erklärt Tafiti.

Das scheint Norberts Laune nicht gerade zu heben. Er stürmt gleich noch einmal auf den Baumstamm zu. Ohne Erfolg! Der Baum rührt sich keinen Millimeter.

„Aber Norbert", sagt Tafiti freundlich. „Den kriegt nicht mal Mama Matemba mit ihrer Elefantenherde weg. Ehrlich!"

Norbert hält inne. Er schaut den Baum an.
Dann schaut er Tafiti und Pinsel an. Die könnte
er locker umnieten. Tafiti schluckt, aber er hält
dem Blick stand. „Du willst zum Wasserloch,
nicht wahr?"

Norbert schnaubt. Dann nickt er.

„Wo ist das Problem?", platzt
Pinsel heraus. „Du gehst
einfach um den Baum
herum. So!"

Pinsel macht es ihm vor. Fröhlich trippelt er in einem großen Bogen um den Affenbrotbaum.

„Komm, wir gehen hinterher!", bietet Tafiti an.

Aber Norbert stemmt seine Beine in den Boden und rührt sich nicht vom Fleck.

„Du, ähm, du willst nur auf deinem Weg gehen?", stammelt Tafiti. „Stimmt's?"

Norbert nickt. Sein Horn geht rauf und runter. Das Kissen baumelt noch daran. „Ich muss immer auf meinem Weg bleiben", brummt er. „Immer!"

„Wo bleibt ihr denn?", ruft Pinsel von der anderen Seite des Baobabs.

Und als sich nichts tut, trottet er wieder zurück.

„Komm, Norbert, wir gehen zusammen. Du musst nur einen Fuß vor den anderen setzen. So!" Pinsel macht es ihm vor.

Doch Norbert bewegt sich nicht von der Stelle.

„Er will seinen Weg nicht verlassen", erklärt Tafiti.

„Das hab ich meiner Mama versprochen!", nuschelt Norbert.

Tafiti überlegt. „Aber wenn du so richtig wütend bist, läufst du doch auch nicht auf deinem
Weg!"

Norbert legt den Kopf zur Seite. Dann
schnaubt er, trampelt mit den Füßen und läuft
tatsächlich los. Blindlings rast er einmal, zwei-
mal im Kreis, dann steht er wieder auf dem
Weg.

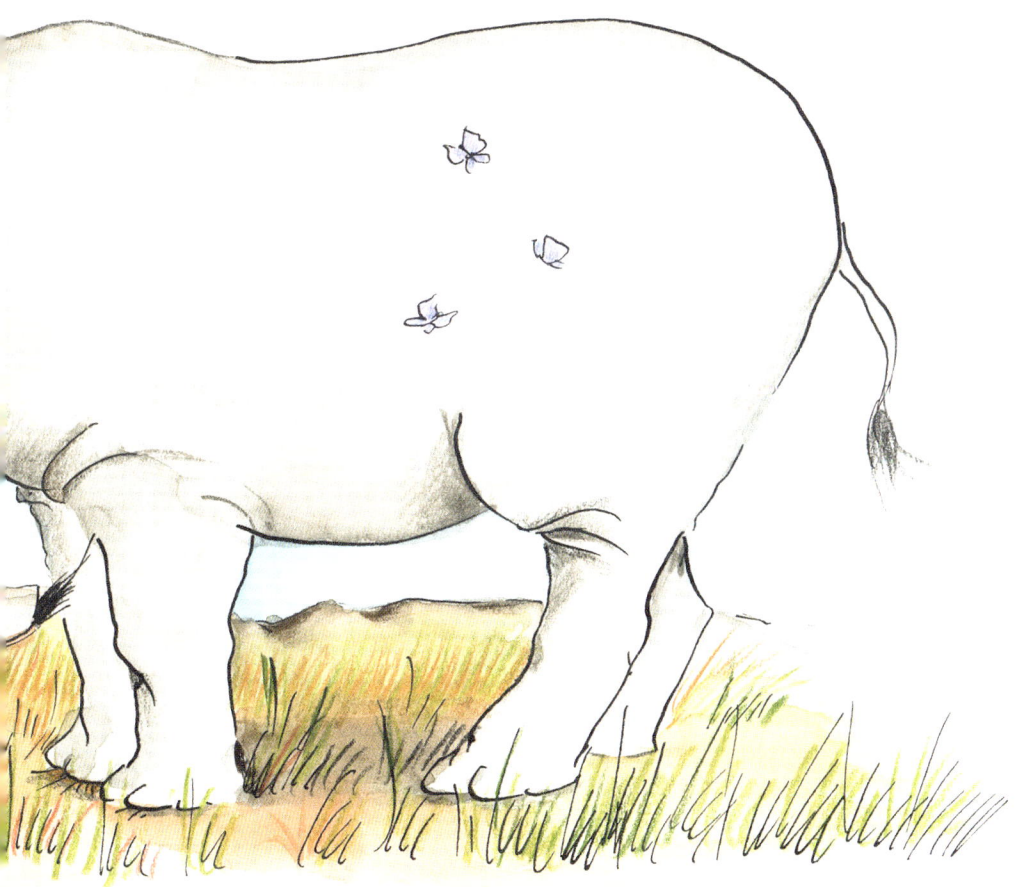

„Okay!" Tafiti sieht es ein. „So klappt das nicht!"

Pinsel und Tafiti schauen sich an.

„Ohne Pfad sieht Norbert rot", überlegt Tafiti. „Was er braucht, ist ein neuer Trampelpfad!"

Pinsel macht große Augen. Norberts Pfad ist deshalb ein Pfad, weil über Jahre und Jahre Nashörner darübergewalzt sind. Wie sollen sie – ein federleichtes Erdmännchen und ein Pinselohrschwein – jetzt so schnell einen Trampelpfad machen?

„Das schaffen wir nie!", grunzt Pinsel.

„Alleine nicht. Aber was, wenn noch andere

helfen?", überlegt Tafiti und hat auch gleich eine Idee. Denn Stampfen und Trampeln, dass kein Gras mehr wächst, das können Fred und seine Zebraherde.

Die Zebras sind sofort bereit zu helfen. Hauptsache, Norbert beruhigt sich wieder.

Also galoppieren Fred und seine Freunde los und rennen von Norberts Pfad aus immer um den umgestürzten Affenbrotbaum herum. Bald kann man schon einen schmalen Trampelpfad erahnen. Und als dann noch die Gnus und Mama Matemba mit ihrer Elefantenherde zu

Hilfe kommen, geht es ganz schnell: Es entsteht ein neuer Pfad – genauso festgestampft und graslos wie Norberts alter Weg.

Pinsel malt mit seinen Pinselohren ein großes Schild mit einem Pfeil drauf. Damit Norbert auch weiß, wo er abbiegen muss. Aber eigentlich ist es unnötig, denn der neue Weg beginnt direkt bei seinem alten Pfad, führt einmal um den Baum, bis er wieder auf Norberts gewohntem Trampelpfad endet.

Begleitet von Pinsel und Tafiti probiert es Norbert schließlich aus. Zuerst langsam und zaghaft – Schritt für Schritt. Zurück geht er schon etwas zügiger. Und bald schon läuft er ganz allein – angefeuert von den Tieren – hin und her. Die Zornesfalten sind verschwunden

und er strahlt so, dass man ihn fast für ein Breitmaulnashorn halten könnte. Wobei Norbert ja eigentlich ein Spitzmaulnashorn ist. Und die fressen bekanntlich am liebsten Blätter.

„Büsche", brummt Norbert und strahlt noch
mehr.

Tafiti versteht erst nicht. Doch als Norbert
schwanzwedelnd stehen bleibt, um von den
Büschen zu fressen, die gleich neben seinem
Weg wachsen, ist es ihm klar: Der neue
Trampelpfad bietet Norbert sogar noch einen
kleinen Imbiss für zwischendurch.

Runter kommt man immer

„Auch, wenn es einem manchmal nicht passt, dass sich etwas ändert", meint Omama, als sie wieder zu Hause sind, „oft bringt das Neue auch Gutes mit sich!"

„Dass King Kofi auf Bäume klettert, ist auch neu – aber nicht so gut", findet Pinsel.

„Der Kuchen", fällt Tafiti ein. „Wir wollten ihm Kuchen bringen!"

„Muss das sein?", fragt Pinsel. Wehmütig schielt er auf den Kuchen, der zum Abkühlen auf dem Küchentisch steht. Der war doch für sie gedacht!

„Na ja, jedes Mal, wenn King Kofi Kuchen isst, frisst er schon mal keinen von uns. Weil er dann schon satt ist", meint Tafiti.

Omama rückt sofort den Kuchen heraus. Schweren Herzens begleitet Pinsel Tafiti zur Akazie. Da sitzt tatsächlich immer noch King Kofi hoch oben in der Baumkrone.

„Der Kuchen ist da!",
ruft Tafiti.

„Bringt ihn *f*so-
fort hoch!", brüllt
King Kofi.

„Damit Sie uns auf-
fressen?!", grunzt Pinsel.
„Wir sind doch nicht blöd!"

„Klar, am besten bringen
wir noch Salz und Pfeffer
mit!", ruft Tafiti.

„Keine *f*schlechte Idee", überlegt King Kofi.

Da sind Tafiti und Pinsel aber anderer Meinung. Sie machen, dass sie wegkommen.

Aus sicherer Entfernung dreht sich Tafiti noch einmal um. King Kofi sitzt immer noch auf dem Baum.

„Kommen Sie doch runter", ruft Tafiti ihm zu. „Der Kuchen wartet!"

King Kofi guckt sich hektisch um. „Nein, nein, die Au*fsf*sicht ist hier *fso fsch*ön!", lispelt er.

Und plötzlich ahnt Tafiti, wieso King Kofi immer noch da oben sitzt: Seine Löwenmajestät hat Angst. Angst vor einem schlecht gelaunten Nashorn.

„Mit Norbert ist alles wieder in bester Ordnung!", ruft er.

„*f*So? Wirklich?"

King Kofi stellt die Ohren auf.

„Ja, die Gefahr ist vorbei: Der ist wieder ganz der Alte!"

„*f*Seid ihr euch da auch gan*fz f*sicher?", fragt Seine Löwenmajestät.

„Hundertprozentig!", verspricht Tafiti.

„Ja, dann. Dann kann ich ja tat*f*sächlich vom Baum runter", freut sich King Kofi.

Vorsichtig setzt er eine Tatze an den Stamm. Und beginnt zu rutschen.

„Hilfe!", brüllt er. Verzweifelt umklammert er mit den Vorderbeinen den Stamm, während seine Hintertatzen vergeblich Halt suchen. Viel Übung hat der König beim Klettern wohl nicht.

„Hilfe!", jault King Kofi. „Helft mir!"

„Müssen wir dem jetzt etwa wirklich helfen?", fragt Pinsel und kräuselt seinen Rüssel.

Aber selbst Tafiti, der sonst immer allen und jedem hilft, schüttelt den Kopf.

„Keine Sorge, Majestät", ruft er King Kofi zum Abschied zu. „Raufklettern ist schwierig – aber runter geht's ganz von allein. Garantiert!"

Und dann laufen die beiden kichernd nach Hause. Schließlich hat Omama fest versprochen, ihnen auch noch einen Kuchen zu backen …

Julia Boehme studierte Literatur- und Musikwissenschaft und arbeitete danach als Redakteurin beim Kinderfernsehen. Eines Tages fiel ihr ein, dass sie als Kind unbedingt Schriftstellerin werden wollte. Wie konnte sie das bloß vergessen? Auf der Stelle beschloss sie, jetzt nur noch zu schreiben. Seitdem denkt sie sich ein Kinderbuch nach dem anderen aus.

Julia Ginsbach wurde 1967 in Darmstadt geboren. Nach ihrer Schulzeit studierte sie Musik, Kunst und Germanistik. Heute arbeitet sie als freie Illustratorin und lebt mit ihrer Familie und vielen Tieren auf einem alten Pfarrhof in Norddeutschland.

Der BAOBAB

Der **Baobab** – auch Affenbrotbaum genannt – ist einer der größten und allerdicksten Bäume Afrikas.

In der Trockenzeit wirft er all seine Blätter ab. Dann sehen die kahlen Äste wie Wurzeln aus. In Afrika gibt es daher die Legende, dass der **Baobab** kopfüber in der Erde steckt …

Wenn es regnet wachsen die Blätter wieder und der Baum beginnt zu blühen.

Die Blüten riechen eklig-faulig. Flughunde mögen das und bestäuben die Blüten.